Lb 1717

PÉTITION

AUX CHAMBRES

POUR

DEMANDER L'ABOLITION DU SERMENT POLITIQUE,

PAR

M. HYDE DE NEUVILLE,

ANCIEN DÉPUTÉ DE LA NIÈVRE.

PARIS

IMPRIMERIE DE HENRI DUPUY,

RUE DE LA MONNAIE, N. 11.

1833

En présentant cette pétition, mon but, je le répète, n'est pas de soulever des passions. Je crois que le serment politique imposé aux électeurs, aux membres des Chambres, aux citoyens qui ne sont point agens du pouvoir, est à la fois injuste et absurde; je crois qu'il ne peut être avoué, soutenu, défendu que par les hommes qui doutent de leur droit et de leur force.... Or, sans trop examiner si le succès doit couronner dès à présent mon entreprise, je me décide à jeter, à travers les sophismes et les contradictions du jour, une vérité utile....

Fais ce que dois, advienne que pourra.

Un homme d'État, dont j'honore le caractère, me mande : *Le préjugé que vous attaquez est vieux et ne se retirera pas de sitôt.*

Ma réponse est facile....

Sous la Restauration, le serment politique pouvait être un préjugé....

Depuis la révolution de Juillet, ce n'est pas seulement un préjugé ; c'est un acte honteux de tyrannie, c'est une inconséquence révoltante.

Je ne sais pas si, dans l'état actuel de notre législation, l'opinion contraire à celle qui triomphe aujourd'hui gagnerait beaucoup à l'abolition du serment ; ce que je sais, c'est qu'elle ne peut que tirer avantage du maintien de ce déloyal moyen d'oppression.

On ne croit point à la victoire complète de ceux qui se font une arme de l'injustice.

On ne croit point à la défaite, *à toujours, à jamais*, de ceux que l'on met hors de combat par des voies que la conscience ne peut avouer.

Quant à moi, ce dont je suis persuadé, c'est que les mauvaises passions ne consolident rien ; il n'y a de durée, d'éternité, que pour la vérité. Je me suis toujours bien trouvé d'avoir réglé ma vie sur une aussi consolante pensée ; je ne changerai donc ni de sentimens ni de conduite ; et, malgré ma répugnance à rappeler au public mon nom, je serai prêt, toujours prêt, quand le bien du pays pourra l'exiger, à combattre l'erreur, et à défendre les doctrines conservatrices de l'ordre et de la morale.... Je le ferai avec la modération qui sied à la conviction, mais aussi avec la fermeté persévérante que tout honnête homme doit mettre à accomplir un devoir....

PÉTITION
AUX CHAMBRES

DEMANDER L'ABOLITION DU SERMENT POLITIQUE.

———

A MM. les Pairs et à MM. les Députés.

MESSIEURS,

Je viens réclamer de vos souvenirs et de votre équité l'abolition du serment politique.

Lorsqu'en 1816 un serment fut demandé aux membres des deux Chambres, je le prêtai (il ne blessait point ma conscience). Toutefois l'un de mes plus honorables collègues ayant d'abord refusé de se soumettre à cette condition qu'il accepta ensuite, je soutins avec force, avec conviction, devant la Chambre, « qu'aucun pouvoir, dans l'État, n'avait le » droit d'imposer un serment politique, et » qu'un député pouvait se refuser à prêter un

» pareil serment sans rien perdre du caractère
» qu'il tenait de son élection. »

Deux orateurs combattirent mon opinion; ils siégent aujourd'hui l'un et l'autre au Luxembourg, et je suis ilote dans ma patrie. Ce rapprochement n'est point une censure; nul n'a plus que moi pour règle qu'en révolution il ne faut juger sévèrement que soi-même : mais ce seul fait suffit, je pense, pour démontrer qu'un serment politique ne mène à rien, qu'à blesser la morale, qu'à gêner les consciences, et qu'à faire tôt ou tard rougir plus d'un homme de bien.... Quarante années d'expérience attestent assez cette affligeante vérité.

En effet, Messieurs, que sont devenus ces sermens prêtés successivement, et le plus souvent par les mêmes hommes,

A la révolution de 89,

A la République,

Au Directoire,

A l'Empire,

A la Restauration,

Puis encore à l'Empire,

Puis encore à la Restauration?

La République ou la mort, tel a été à une époque de douloureuse mémoire le cri, le point de ralliement de ceux qui se disaient alors la majorité.

La République a succombé : personne ne s'est présenté pour mourir avec elle.

Que sont, que font les sermens ?

La France avait été prodigue de sermens sous Napoléon. Cet homme prodigieux, qui tout en parlant de liberté savait si habilement fonder le despotisme sur la gloire, devait croire (on le lui répétait sans cesse) que sa dynastie serait éternelle : les rois, les peuples courbaient sous sa loi; c'était *l'homme de la destinée.... Dieu l'avait créé et s'était arrété* [1] *;* il était aussi la *nécessité* [2].... Son fils, proclamé roi de Rome et l'héritier du plus grand empire, avait reçu, dès le berceau, les vœux, les hommages, les protestations de cette foule adulatrice qui enivrait et, souvent aussi, fatiguait le grand homme; car Bonaparte, il faut le dire, ne se montra pas toujours la dupe de ses flatteurs. Il connaissait la nature humaine; il savait, quand il écoutait sa raison, apprécier

[1] Paroles célèbres d'un sous-préfet.

[2] M. Necker, dans un de ses ouvrages, nomme Napoléon *l'homme nécessaire.*

à leur juste valeur les actes de dévouement et de fidélité *sans bornes et sans fin.*

Cependant la fortune abandonne la victoire, le héros tombe, les sermens s'envolent, les hommes même qui doivent tout à Napoléon reçoivent du ciel de nouvelles inspirations, et reconnaissent une *nouvelle nécessité* pour la France.

Tous, à l'envi, déclarent que la légitimité seule peut assurer le repos et le bonheur de de notre pays.

Que sont, que font les sermens?

La Restauration ramène l'héritier légitime de saint Louis, de Henri IV et de Louis XIV. La France entière le salue, comme sa fortune et son sauveur; les sermens se multiplient, l'enthousiasme, la bonne foi, la raison, l'expérience s'unissent pour assurer le triomphe du principe que la révolution *a pu suspendre, mais qu'elle n'a pu détruire* [1].

---

[1] J'espère que l'orateur, qui a si noblement parlé de ce principe *suspendu et non détruit*, ne sera point contraire à ma réclamation. Ce n'est point d'ailleurs ce principe (qu'il regardait comme le plus grand bien) qu'ici je viens discuter; je demande avant tout la liberté de conscience.... Malheur à qui aurait le triste courage de me

Voici comment s'exprimait alors un habile publiciste que la révolution de Juillet a jugé digne du Panthéon [1] :

« L'usurpation ne présente aux peuples ni
» les avantages d'une monarchie ni ceux d'une
» république; ces prétendues dynasties nou-
» velles sont aussi orageuses que les factions,
» ou aussi oppressives que la tyrannie; c'est
» l'anarchie de Pologne ou le despotisme de
» Constantinople. Un roi légitime arrive no-
» blement au trône; un usurpateur s'y glisse
» à travers la boue et le sang. »

La doctrine de M. Benjamin Constant ne trouve aucun contradicteur; les Chambres, la magistrature, l'armée, toutes les classes de la société rendent grâces à la Providence du retour des fils de saint Louis; on se demande *par quel malheur la révolution serait con-damnée à méconnaître et à repousser la légi-timité* [2]. Bientôt un enfant, dont la naissance paraît tenir du miracle, reçoit à son tour les

combattre.... j'ai pour moi la vérité, le patriotisme et l'honneur.

[1] Benjamin Constant.

[2] Paroles d'un orateur distingué de la Chambre ac-tuelle des Députés.

hommages, les vœux de la patrie. Enfin, comme pour marquer davantage le change-ment qui s'est opéré dans les cœurs et dans les esprits, la Chambre des Députés va jusqu'à déclarer à l'unanimité que *la légitimité est un principe inviolable et sacré pour les rois non moins que pour les peuples.*

Le dogme, ainsi proclamé par tous, semble à jamais affermi. Cependant le pouvoir fait une faute, une grande faute; on trompe un monarque honnête homme; il est mal ren-seigné, mal conseillé; l'inviolabilité du trône est méconnue; le principe, regardé comme sacré, succombe; la monarchie des siècles dis-paraît, et les sermens sont oubliés.

Que sont, que font les sermens?

Messieurs, je ne suis ici qu'historien : or, c'est principalement sur l'autorité des faits que s'appuie ma réclamation.

Sous la Restauration, un serment politique pouvait se défendre; la souveraineté ne rési-dait point dans le peuple, et certes personne ne pensait alors à le reconnaître pour roi.

Aujourd'hui, le peuple seul est souverain.

Cette doctrine, Messieurs, c'est la vôtre....

Le peuple doit tout faire....

Le peuple a tout fait.

Je ne conteste rien.... je raisonne.

Si le peuple est souverain, ses délégués peuvent-ils restreindre, tyranniser ses choix? Peuvent-ils mettre des entraves à ses volontés, et lui imposer des sermens?.... Peuvent-ils lui dire : Vous êtes armé de la puissance suprême; toutefois vous ne choisirez vos magistrats, vos représentans que parmi nous et nos amis?

Le peuple est souverain.... Laissez-lui donc la souveraineté de ses votes; et, quand ses vrais mandataires seront tous réunis, quand toutes les opinions se trouveront légalement, loyalement représentées, quand tous les hommes de cœur et de talent (républicains, légitimistes, juste-milieu, hommes de droite ou de gauche, peu importe) auront pu discuter librement leurs intérêts communs en présence de ce peuple, dont on parle beaucoup, dont on s'occupe si peu (en France comme ailleurs), alors la raison, la bonne foi pourront dire : *Là est la majorité.... là est le pays.*

Mais on voudra peut-être opposer à ma réclamation mes opinions, et ne voir qu'une arrière-pensée dans un sentiment vrai, dans une doctrine que je n'ai cessé de professer sous

le gouvernement que j'ai si fidèlement servi ;
doctrine que je professerais avec plus d'éner-
gie encore, si ma foi politique triomphait.

Mes opinions, je ne les cache point.

J'aime de cœur et d'ame la liberté ; je veux
tout ce qui doit m'en assurer le bienfait ; je
veux tout ce qui peut me protéger contre la
nécessité de l'arbitraire.

Je veux que mon pays soit heureux, et que
sa gloire ne soit point flétrie, c'est dire que
jamais on ne me verra sacrifier à des affections
un seul des intérèts de ma patrie.... Mais ces
intérêts, il faut les étudier, et cela avec calme
et bonne foi : autrement, comment les bien
connaître? La passion du jour ne saurait jamais être un bon conseiller; c'est la raison,
c'est l'expérience qu'il faut consulter, écouter,
si l'on ne veut point *bâtir sur le sable* [1].

[1] Un orateur qui siége à gauche, et dont on ne peut
contester la modération et le talent, s'exprimait ainsi en
1828 :

« En vain le fondateur d'une nouvelle dynastie est
» un héros, un grand homme ; tant qu'une longue suite
» d'années n'a pas consolidé son ouvrage, il n'a *bâti que*
» *sur le sable ;* chêne colossal, il étend au loin son vaste

Je disais à la tribune, le 15 mars 1830, et mes paroles furent applaudies:

« Si la légitimité ne marche pas toujours
» avec la liberté, elle tend par la force et la
» nature des choses à se rapprocher d'elle, et
» devient tôt ou tard son plus sûr, son plus
» ferme appui, tandis que l'usurpation, alors
» même qu'elle s'unit à la gloire, ne marche,
» ne peut marcher qu'avec le despotisme et
» l'arbitraire [1]. »

» ombrage, mais il n'a pas de racines dans les entrailles
» de la terre. »

[1] Je pourrais appuyer mes opinions de celles professées naguère par de hauts personnages (ministres, pairs et députés) qui se disputent aujourd'hui le pouvoir.... Mais mon but est moins de signaler des contradictions que de faire naître des convictions.

Je me borne donc à nommer les morts. Ainsi je dirai que je pourrais également citer à l'appui de mes doctrines un discours du général Foy, du 12 mars 1820. Le célèbre orateur est dans la tombe; je dois à sa mémoire, à sa haute réputation, de croire qu'il n'eût pas varié dans ses sentimens, et que, s'il vivait, nous partirions lui de gauche, moi de droite, pour nous trouver sur le même terrain. Après tout, pourquoi les hommes généreux de toutes les nuances d'opinions ne se rencontreraient-ils pas lorsqu'il y a péril pour le pays, et qu'il appelle à son secours tous ses vrais amis, tous ceux qui

Homme libre, homme de conscience, je n'ai point, devant les barricades, changé d'opinion; le temps constatera mon erreur ou la vérité de ma foi; mais enfin si je me trompe, en persistant à croire ce que vous avez cru, ce que la France entière admettait, il y a peu d'années, comme hors de toute controverse, ce motif suffit-il, Messieurs, pour que vous, simples délégués du peuple, de ce peuple votre souverain, vous alliez sans autorité, sans mandat, jusqu'à me déclarer privé, déchu de mes droits politiques, droits que je tiens du sol, droits qui me sont acquis comme Français, comme citoyen, comme propriétaire, et comme faisant partie de ce même souverain que vous ne pouvez à la fois couronner, servir et enchaîner ?

Vous me demandez des déclarations; auriez-vous une garantie bien sûre, quand je consentirais à placer sur mes lèvres un serment qui n'entrerait pas dans mon ame.

Je sais que de très-honnêtes gens qui par-

ne se croient point obligés de servir des passions étroites, et de se faire aveugles et sourds, parce qu'il y a des gens qui n'ont ni yeux ni oreilles?

tagent mes convictions ont cru pouvoir prêter ce même serment..... mais d'autres ont cru devoir le refuser. Je ne prétends donc point discuter devant vous ce qu'on a pu, ce qu'on a dû faire. Dieu seul sonde les cœurs, Dieu seul est juge de la conscience. Mais je viens, Messieurs, non dans l'intérêt d'un parti, mais dans celui de toutes les opinions, élever devant vous une voix que la vérité ne trouvera jamais silencieuse quand elle pourra servir sa noble cause.

Oui, Messieurs, c'est dans l'intérêt de toutes les opinions généreuses que j'agis; il y aurait trop d'orgueil à croire qu'une seule (la mienne) a reçu du ciel le privilége de porter l'honneur et le sentiment du devoir jusqu'au dernier degré du scrupule. Dans tous les partis, comme dans toutes les religions, il y a des ames timorées; il y a sous toutes les bannières probité, loyauté. Malheur donc au législateur qui ne sait pas que son premier devoir est de respecter le for intérieur!

J'ai entendu soutenir, Messieurs, jusque dans vos rangs, que le serment politique n'est plus chez nous qu'une formule sans valeur, et que, de fait, il n'engage à rien.

S'il n'est rien, s'il n'engage à rien, pourquoi le demander ?

Pourquoi sans but utile se mettre en contradiction manifeste avec ses propres doctrines ?..

Pourquoi reculer devant les conséquences du principe que l'on a posé et proclamé ?

Que le pouvoir, s'il est ombrageux et crédule, s'il croit qu'on lui tiendra ce qu'il n'a pas tenu et qu'on sera ce qu'il n'a pas été, demande à ses agens des déclarations, des protestations, des actes d'amour, de foi, de fidélité... Il le peut.... mais le doit-il?... Ce que je sais, ce que je puis dire, affirmer, c'est que dans aucun cas, sous aucun prétexte, sous aucun gouvernement, on ne me verra l'avocat du serment.... Je repousse tout ce qui peut conduire les hommes à mentir à Dieu et à leurs semblables.

Écoutez, Messieurs, ce que disait devant la République elle-même, un orateur dont la mémoire est chère à tous les gens de bien [1] :

« Au lieu de contenir les méchans, nos ser» mens ont tourmenté la conscience des gens » de bien; au lieu d'ajouter à la solennité

[1] Camille Jordan.

» des engagemens, ils ont presque anéanti la
» simple religion des promesses, ils ont révélé
» à tous le secret de l'ancienne corruption de
» nos mœurs, ils en ont précipité la ruine.

.» Aussi l'opinion publique demande-t-elle
» à grands cris que vous fassiez à jamais dis-
» paraître du milieu de nous ces jeux impies.
» Le peuple repousse tous les sermens par
» lassitude en même temps qu'il les rejette par
» conviction ; partout il vous répète ce dilème
» si simple : Législateurs, les bons seront fidèles
» aux sermens, les méchans seront rebelles
» malgré tous les sermens; retranchez de vaines
» formules contradictoires à nos lois, inutiles
» à notre repos, corruptrices de notre mo-
» rale [1]. »

Messieurs, je n'ai point prétendu soulever
des passions, mais frapper au cœur des hommes de conscience, et les amener, par le sen-

---

[1] Noble Camille Jordan, si tu vivais, tu prêterais à
mon zèle le secours de ta voix puissante!... Que ceux de
tes amis qui siégent encore dans les Chambres se mon-
trent fidèles à ta mémoire! Je les adjure sur ta tombe de
m'aider à faire triompher ta doctrine; ils le doivent à
leur pays, et au souvenir qu'ils ont dû garder de ton
courage et de ta vertu.

timent de l'honneur, à faire cesser un état de choses qui est en effet corrupteur de notre morale, et qui devant la raison, la pudeur, et par-dessus tout, devant le principe proclamé par la révolution de Juillet, est le dernier degré de l'inconséquence, de l'arbitraire et de la mauvaise foi.

Si j'ai, Messieurs, le bonheur de vous convaincre, j'aurai rendu un véritable service à mon pays; dans le cas contraire, il me restera la satisfaction de l'avoir tenté.... D'autres seront plus heureux que moi.... La vérité finit tôt ou tard par porter fruit et par triompher.

Recevez,

Messieurs,

l'assurance de ma haute considération.

HYDE DE NEUVILLE,
ANCIEN DÉPUTÉ DE LA NIÈVRE.

Paris, 12 février 1833.